CLUB ALPIN FRANÇAIS

SECTION DE L'ISÈRE

UNE CÉRÉMONIE ALPESTRE A LA PINÉA

INAUGURATION

DU SENTIER ET DE LA PLAQUE

LUCIEN VERMOREL

FACE NORD-OUEST DE LA PINÉA

LE 13 MAI 1926

MACON

PROTAT FRÈRES, IMPRIMEURS

1926

INAUGURATION DU SENTIER
ET DE LA PLAQUE

LUCIEN VERMOREL

Lucien Vermorel (1893-1921).

CLUB ALPIN FRANÇAIS

SECTION DE L'ISÈRE

UNE CÉRÉMONIE ALPESTRE A LA PINÉA

INAUGURATION

DU SENTIER ET DE LA PLAQUE

LUCIEN VERMOREL

FACE NORD-OUEST DE LA PINÉA

LE 13 MAI 1926

MACON

PROTAT FRÈRES, IMPRIMEURS

1926

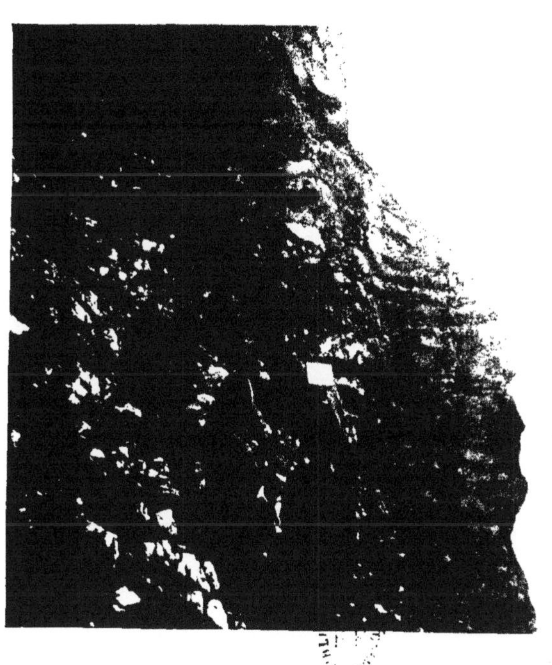

Inauguration de la Plaque.

INAUGURATION

DU

SENTIER LUCIEN VERMOREL

A LA PINÉA

et d'une plaque commémorative
de l'accident mortel du 2 octobre 1921.

Le jeudi 13 mai 1926, jour de l'Ascension (symbolique pour les Alpinistes), le Club Alpin Français inaugurait en Chartreuse, sur les flancs de la Pinéa (1779 m.), un sentier de haute montagne, tracé, exécuté par les soins de M. Répiton-Préneuf, inspecteur principal des Eaux et Forêts de l'Isère. Au pied des falaises rocheuses de la Pinéa, était apposée une plaque rappelant l'accident tragique, dont fut victime, le 2 octobre 1921, un jeune alpiniste, M. Lucien Vermorel.

Cette catastrophe avait eu, non seulement dans la famille de L. Vermorel et parmi ses amis, mais aussi dans le monde alpiniste, un douloureux retentissement. Succomber au printemps de la vie, au cours d'une tentative audacieuse (première escalade des à pics de la Pinéa), quelle fin tragique, faite pour émouvoir la sensibilité et frapper l'affection des parents, des amis ! Et chaque alpiniste, qui porte en soi la passion de la montagne a pu ressentir dans son cœur et l'amer regret de cette mort dramatique et l'angoisse qui étreint devant la fatalité !

A la suite de l'accident, le père de l'infortuné jeune homme priait la Section de l'Isère du C. A. T. de construire une voie d'accès aux flancs de la Pinéa, face aux escarpements gigantesques qui surplombent la vallée de Pommaray et de Proveyzieux et dont l'assaut (première tentative d'ascension) avait coûté une vie humaine.

La Section de l'Isère, sur le territoire administratif de qui était tombé Lucien Vermorel, accepta la responsabilité de cette œuvre, dont elle confia l'exécution technique à un de ses collègues, aussi brillant alpiniste qu'éminent forestier, connaissant admirablement cette région tourmentée de la Chartreuse, M. Répiton-Préneuf, inspecteur principal des Eaux et Forêts à Grenoble.

Avec l'aide et la collaboration de ses agents, de ses gardes forestiers, et de l'entrepreneur, M. Répiton-Préneuf a mené à bien l'aménagement de ce sentier qui part du hameau de Girieu (1207 m.) et par une pente moyenne de 25 °/₀ sur une longueur de 2 km. 1/2 aboutit à la brèche de la Pinéa

(1740 m.), où il se continue avec le chemin du col de Porte.

Le sentier Lucien Vermorel, construit en quelques semaines, grâce au désintéressement des habitants, propriétaires du sol, ouvre une voie nouvelle d'accès au col de Porte, et à la Pinéa.

Au pied de ces falaises calcaires, dont l'effritement incessant rappelle aux audacieux, aux téméraires le danger constant, et dominant les éboulis massifs de cette montagne qui meurt, M. V. Vermorel, dans une pieuse pensée a fait apposer une humble plaque, émouvante de simplicité tragique ; elle jette le cri d'alarme aux touristes imprudents et rappelle au passant une douleur, un drame de l'humanité.

Le 13 mai 1926, cette double inauguration s'effectuait avec une touchante cordialité ; une délégation de la Section de l'Isère du C. A. T. à la tête de laquelle était son éminent président, M. le professeur Lory, et à côté de qui se trouvaient M. Arnaud et MM. les généraux Augerd et Grattier, de hautes personnalités, M. le procureur général Claps, vice-président de la S. T. D., MM. les maires de Proveyzieux et de Sarcenas, etc., encadrés par une cinquantaine d'Alpinistes grenoblois, se rendait à la Pinéa, divisée en deux groupes par le sentier Lucien Vermorel, l'autre par celui du col de Porte. Ni le froid glacial, ni les bourrasques de pluie alternant avec la neige, accumulée en couches profondes sur les hauteurs, n'arrêtèrent l'accomplissement de ce pèlerinage, inspiré par un sentiment de solidarité ; — ce n'est pas un vain mot pour les alpinistes.

Profitant d'une légère accalmie, l'une des caravanes qui comprenait avec M. Lory, président de la Section du Dauphiné, et M. Repiton-Préneuf, inspecteur des Eaux et Forêts, une vingtaine d'alpinistes, partant de Proveyzieux et s'étant réunie à Pomaray, se met en route vers 7 heures 1/2, et arrive, après deux heures de marche à Girieu, où elle fait halte, pour traverser un plan de prairie parsemée de fleurs et atteindre l'endroit où commence le sentier Lucien Vermorel.

On suit le sentier, la pente est assez raide, les pieds s'enfoncent tantôt dans la neige molle, tantôt dans la boue, bientôt le sentier disparaît complètement sous la neige devenue plus dure, mais il reste tracé par les empreintes des pas de ceux qui précèdent. Quelques arbres, marqués, serviront de jalons pendant la mauvaise saison.

Il est 11 heures 1/2, le temps reste couvert et froid, la muraille abrupte de la Pinéa enfin se dresse, on s'approche et, sur une grande plaque scellée dans la pierre pourrie on lit :

ROCHES DANGEREUSES

ICI LUCIEN VERMOREL A TROUVÉ LA MORT

LE 2 OCTOBRE 1921

Un peu plus bas, on voit les deux sapins qui ont arrêté dans sa chute le pauvre corps mutilé.

A ce moment, arrive le groupe qui devait monter par le col de Porte et bientôt sont réunis : M. le docteur Siraud, président de la Section Lyonnaise du Club Alpin, M. et Mme Joseph Ballofffet, M. Jean Guillermet, M. le général Grattier, M. le général Augerd, M. Delaval, M. le prof. Dufour, M. de Boccard, M. Louis Arnaud, M. Clap, M. Jourdan Félix, M. R. Gachet, M. le maire de Saiscenas, M. Jourdan Frédéric, Gonnet, etc...

Tristesse des cœurs ! tristesse de la nature !

Sous un ciel bas et morne, par les rafales de neige, dans la chevauchée grise des nuées, flottant comme des écharpes de deuil, les délégués se recueillirent au pied de l'Alpe homicide, face à la plaque commémorative que dominaient de leur hauteur sinistre les escarpements farouches de la montagne.

M. le président Lory prononça le discours suivant, écouté dans un religieux silence : cérémonie inoubliable, d'une haute gravité, d'intime recueillement, à laquelle participèrent de cœur et de pensée tous les assistants.

MESDAMES, MESSIEURS,

Le Club Alpin aime à garder et honorer la mémoire des siens qui sont tombés en montagne. Il estime que c'est un pieux devoir envers eux et envers les parents que leur mort a cruellement frappés. Il pense aussi que l'on doit aller à la montagne les yeux ouverts sur les dangers que l'on y peut rencontrer : bien moindres, à coup sûr, au moins dans les courses ordinaires, que les risques de l'automobile ou de maints autres sports, ils existent cependant et s'en souvenir est le meilleur moyen de les éviter.

D'ailleurs, la connaissance du risque et la satisfaction d'en triompher constituent l'un des attraits de l'ascension. Pour certains alpinistes au sang vif, c'est même l'attrait dominant et nous voyons leur volonté ardente rechercher le risque et s'y complaire, surtout s'il se complète de la nouveauté. Dirai-je que nous le voyons sans regret ? Certes non, car ces belles vies sont un enjeu vraiment excessif. Mais nous comprenons, plus ou moins, nos jeunes grimpeurs et pas un de nous n'ira les blâmer sans réserve. Dans cette lutte contre la nature, loin de tout applaudissement comme de toute compétition, il y a vraiment une grandeur et l'escalade est un moyen puissant entre tous de perfectionner la maîtrise de soi, corps et âme.

Mais en certaines entreprises le risque est bien grand ! Hélas, il s'est réalisé ici de façon mortelle, le 2 octobre 1921. C'est la commémoration de ce drame de la montagne qui nous réunit en cet instant.

La Pinéa [1], débonnaire quant aux trois quarts de son pourtour, offre sur nos têtes une face abrupte et de roche en outre médiocre, qui n'avait jamais été gravie. Cette « Première » tentait un des meilleurs parmi les jeunes alpinistes de la Section lyonnaise, Lucien Vermorel, qui pendant la guerre avait vaillamment servi la France dans l'aviation et qu'avaient déjà classé nombre d'ascensions difficiles.

Il me faut rappeler les circonstances du drame : Ayant atteint le sommet par une des voies ordinaires, Lucien Vermorel et son ami Maurice Dony fixèrent à la Croix une corde de 75 mètres. Puis

1. Le sentier Lucien Vermorel part de Proveyzieux et des prairies de Girieu (1275 m.) et monte par la face nord-ouest à l'arête et au sommet de la Pinéa (1779 m.).

ils gagnèrent la base de l'abrupt juste au-dessous, en contournant les rochers. L'escalade commença, bientôt très dure. Après avoir surmonté des difficultés extrêmes dans la roche peu sûre, Vermorel était parvenu à l'extrémité de la corde supérieure. Mais le surplomb terminal interdisait l'accès au sommet par ce moyen. Il se décida donc à obliquer sur la droite : un bec de rocher le cacha bientôt à son compagnon. Brusquement, celui-ci vit s'écrouler de gros blocs et presque aussitôt son ami glissait le long de la paroi et, lancé dans le vide, venait se briser tout au pied. Dans la violence du choc, une arête calcaire avait coupé la corde qui reliait les deux alpinistes. Tout près du point où maintenant cette plaque scelle dans la roche la mémoire de la victime, il n'y avait plus qu'un corps inerte : c'était fini ici-bas de tant de vitalité, de tant de courage, de tant de légitimes espoirs.

Quel deuil affreux pour sa famille, pour son père et sa mère surtout, deuil auquel nos cœurs d'alpinistes se sont associés en une douloureuse émotion.

Souvent les grands chagrins se reploient sur eux-mêmes ; au contraire, à mesure que les années passaient, dans l'esprit de M. Victor Vermorel mûrissait le dessein de fixer doublement aux abords de la cime fatale la mémoire du fils qu'elle lui avait pris : par une plaque scellée vers le point de chute, mais surtout par quelque travail qui fût utile aux touristes.

Il a bien voulu s'ouvrir de cette généreuse pensée à notre Section de l'Isère et celle-ci, ai-je besoin de le dire, a accepté avec empressement d'être sa mandataire, — heureuse à la fois de rendre hommage à la mémoire d'un alpiniste et d'un collègue, de témoigner aux siens toute sa sympathie, de collaborer à une amélioration touristique dans ce massif de la Chartreuse que nous aimons.

Comme travail, nous avons proposé la création d'un sentier dans la face nord-ouest de la Pinéa, la plus agréable en été, intéressante en toute saison, et où mainte caravane avait erré de façon ennuyeuse.

En un mois, la proposition était acceptée et le devis dressé, puis le sentier Lucien Vermorel était tracé, ouvert et reçu : cela ne traîne pas, lorsque la direction est aux mains de M. l'inspecteur des Eaux et Forêts Léon Repiton-Préneuf, notre très dévoué collègue au Comité de la Section. Il a d'ailleurs été très bien secondé, — et il tient à ce qu'on le dise, — par le garde forestier de Proveysieux et par l'entrepreneur M. Jay.

Mais c'est à M. Victor Vermorel, le premier, qu'est dû le sentier que notre nombreuse caravane du Club vient d'inaugurer. Je remercie tous ceux qui sont ici, que n'a point arrêtés le brouillard et la pluie, — les forestiers et leurs aides, qui dans les plaques de neige nous ont si bien marqué la trace, — vous tous, mes chers collègues, accoutumés à « partir quel que soit le temps », — les représentants des deux communes voisines, — les invités, les amis et les parents de M. Vermorel et vous surtout, Madame Édouard Vermorel, qui avec un si gracieux courage l'avez représenté dans cette ascension : veuillez lui transmettre tout à l'heure, nous vous en prions, l'expression à la fois de la gratitude des touristes et de la fidélité avec laquelle nous garderons la mémoire de son fils Lucien.

Mme Édouard Vermorel, se faisant l'interprète de la famille et des amis de Lucien Vermorel, en termes émus et chaleureux, remercie M. le Président.

L'entrepreneur qui a mené si rapidement les travaux de création du sentier, sous la direction de M. Repiton-Préneuf, reçoit sa part de félicitations des membres du Club, de même que le garde forestier qui a prêté son aide obligeante.

Tout le monde est d'accord pour reconnaître que l'œuvre de M. Repiton-Préneuf est bien conçue, bien exécutée et rendra les plus grands services aux gens du pays et aux amis de la montagne, qui jusqu'ici étaient obligés de vaguer à travers les taillis et les pentes dangereuses d'éboulis pour se rendre de la vallée de Proveysieux à celle qui conduit à Saint-Pierre-de-Chartreuse.

Midi a sonné, il est l'heure de rejoindre le Col de Porte. Un à un les alpinistes s'égrènent sur le sentier et se retrouvent bientôt réunis dans la grande salle du Chalet-Hôtel ou un repas, tout préparé, attend les membres du Club dauphinois, les invités du Club, la famille et les amis de Lucien Vermorel.

Au dessert, M. Lory se lève et prononce l'allocution suivante :

Mesdames, Messieurs,

Je ne veux pas répéter ce que j'ai dit là-haut, au pied de la paroi fatale où le 2 octobre 1921 la chute d'un bloc instable précipita Lucien Vermorel. Cependant, qu'il me soit permis de renouveler à ses parents, à son père et à sa mère surtout, l'expression de notre sympathie dans le deuil qu'évoque cette journée et de notre gratitude pour le geste qui a doté la Chartreuse d'un nouveau sentier de tourisme. Ainsi, et mieux encore que par la plaque où son nom est gravé, la mémoire de Lucien Vermorel est désormais attachée à la Pinéa.

Notre Section du Club Alpin regarde comme un véritable honneur d'avoir été choisie pour la réalisation de cette généreuse pensée.

Vous avez encore voulu, cher Monsieur Vermorel,

qu'au retour de cette inauguration nous fussions vos hôtes en ce beau chalet du Col de Porte, joyau du diadème dont la Société des Touristes du Dauphiné a orné la montagne grenobloise.

Ce m'est une occasion précieuse de saluer M. Clap, représentant du Conseil de la S. T. D. et de son dévoué président M. Clément : ils savent depuis longtemps combien le Comité de la Section de l'Isère, son Président en tête, apprécient leurs travaux et désirent marcher parallèlement avec eux, dans le meilleur accord.

Je salue encore M. le président du Syndicat d'Initiative de Grenoble, en cette halte de la route des Alpes. M. Gonnet est en outre président du Comité de Secours en montagne, auquel je suis heureux de rendre hommage : ayant participé à diverses caravanes de secours, peut-être ai-je qualité pour proclamer les très grands services que le Comité a rendus chaque fois que des recherches ont dû être organisées.

Tout à l'heure, j'ai déjà dit avec quelle sûre promptitude le sentier Lucien Vermorel avait été ouvert par notre collègue M. l'inspecteur des Eaux et Forêts Repiton-Préneuf, et par ses aides. Les autorités locales, les propriétaires du terrain, ont compris l'intérêt de leur tâche et l'ont facilitée.

Qu'il me soit permis de remercier aussi ceux de

nos collègues qui ont organisé cette journée, notre secrétaire général M. L. Arnaud et de nouveau M. Repiton.

Et puis, j'ai la mission de présenter à notre hôte les regrets et les excuses du Président du Club Alpin Français, M. Francisque Regaud, retenu cette semaine à Paris. « Je connais, me dit-il, la « générosité de la famille Vermorel. Je vous « remercie d'avoir bien voulu collaborer à l'hom- « mage qui est rendu à un fils toujours regretté. « Lucien Vermorel appartenait à la Section Lyon- « naise du C. A. F., où il était l'un des jeunes les « plus vaillants et les plus ardents. Son souvenir « reste, je le sais, très vivace dans le cœur de ses « camarades et de ses amis, qui le regrettent pro- « fondément. Veuillez trouver ici mes regrets et mes « excuses et vous faire auprès de la famille Vermo- « rel, en particulier de M. Vermorel, ancien séna- « teur du Rhône, l'interprète de mes sentiments les « plus dévoués. »

En union avec le Président du Club Alpin nous tous ici et toute la Section de l'Isère nous vous assurons encore, cher Monsieur Vermorel, de notre gratitude et de la fidélité avec laquelle nous garderons la mémoire de votre fils.

M. Clap, procureur de la République à Grenoble, délégué de la Société des Touristes du Dauphiné, propriétaire du Chalet du Col de Porte, dit également quelques mots de remerciements au nom de la Société qu'il représente.

A ce moment, M. le docteur Siraud, président de la Section lyonnaise du C. A. F. et ami de la famille Vermorel, prend la parole à son tour.

Mesdames, Messieurs,

La Section lyonnaise du C. A. F., que j'ai l'honneur de représenter, avait le devoir de participer à cette cérémonie, non seulement pour rendre un suprême hommage à la mémoire du collègue disparu, mais encore pour exprimer à sa famille, si douloureusement éprouvée, les regrets que lui a causés la disparition tragique de ce jeune et brillant alpiniste.

Lucien Vermorel avait des qualités natives qui le faisaient apprécier, estimer de tous, j'entends des esprits réfléchis, aptes à percer et comprendre son caractère, fait de timide réserve, de douceur apparente ; mais cette réserve, cette douceur dissimulaient une volonté, une audace, une énergie peu communes. En ce corps, que la maladie avait rendu fragile, l'âme dominait, rayonnante, forte, virile, conquérante, dressée contre les obstacles de la vie... Elle était maîtresse du corps qu'elle animait.

Cette brève ébauche de son caractère permet de

comprendre l'étonnante carrière de ce jeune alpiniste. Il était venu, à 25 ans, à ce sport idéal par excellence, l'alpinisme qui met en valeur toutes les ressources physiques de l'homme, qui exalte ses facultés, sa résistance, soulève l'admiration, l'enthousiasme pour les beautés les plus grandes et les plus fortes, qui soient dans la nature, ennoblit ses idées et ses sentiments, devant l'inconnu mystérieux, provoque un sursaut d'énergie devant le danger, fait naître l'attrait de la lutte contre les forces brutales, le désir de vaincre et la joie de la conquête.

A 25 ans, L. V. affrontait la montagne : il en était digne, et, en quelques mois, il avait conquis de haute lutte les grandes cimes alpestres, dont le difficile et rébarbatif accès eût découragé une âme moins bien trempée ; en deux ans, quels exploits : les Charmoz, le Greppon, le Requin, le Mont Blanc, la Meije, les Écrins, les Aiguilles d'Arves... je ne cite que ses principales ascensions.

Noble esprit, cherchant la solitude, inspiratrice des grandes pensées, cherchant les joies que donne la volonté victorieuse, amoureux des espaces infinis, des abîmes vertigineux, des glaciers étincelants.

J'admirais aussi, en lui, certains traits de son caractère. Il me plaît de les rappeler : malade au début de la guerre, réformé, il n'eut de paix et de trêve que lorsqu'il fut incorporé. Il partit en Angleterre, devint pilote d'aviation, rentra en France, fut reconnu apte au service armé, et affecté à une escadrille de chasse, où il fit son devoir de soldat, de combattant, chassant du ciel de France les rapaces qui s'abattaient sur son sol sacré.

Esprit cultivé, généreux, tolérant, aimant la littérature et les sciences, parlant ou écrivant cinq langues, L. Vermorel redevint après la guerre un ouvrier des mains et du cerveau, travaillant dans l'usine de son père, en contact quotidien, familial avec les ouvriers, dont il avait conquis l'affection.

Le 2 octobre 1921, la fatalité qui pèse si lourdement sur les destinées des hommes, anéantissait sa vie, ruinait les espérances de sa famille, semait le deuil dans son cœur, et frappait d'une stupeur douloureuse, ses amis, ses collègues.

Dans une pieuse pensée, avec le respect de la noble et tragique passion qu'avait son fils pour la montagne, dans ce lieu même, où l'alpiniste est tombé comme sur un champ de bataille, son père, M. le sénateur Vermorel, a voulu édifier une plaque commémorative, qui rappellera aux amants de la nature, ce que peuvent être l'héroïsme de l'idée, le sacrifice à l'idéal.

Sur ce sentier, créé par la vigilance du père, viendront au pied de la montagne impassible, les touristes, les alpinistes, méditant sur la fragilité humaine, admirant en face des falaises gigantesques, le ressaut suprême, qui conduisit un des leurs jusqu'à la mort... « *Sta Viator heroem calcos* ».

Le C. A. tout entier s'associe à la noble pensée de la famille Vermorel, lui présente l'hommage de sa gratitude, de son respect, et le Président de la Section lyonnaise, qui s'honore d'être de ses amis, et qui a déjà dit sa reconnaissance pour la générosité du Carro, ce refuge qui n'aurait pu être construit sans son geste magnifique, lui renouvelle, ici, l'expression de sa reconnaissance, de son amitié, de son affection.

Enfin, M. Joseph Balloffet, au nom des amis et compagnons d'excursion de Lucien Vermorel, s'exprime ainsi.

Mesdames, Messieurs,

Les devoirs de l'amitié et de la reconnaissance sont bien doux à remplir — malgré le rappel des circonstances tragiques qui nous réunit aujourd'hui — lorsqu'il s'agit de faire revivre la pâle et douloureuse figure d'un être cher, de tirer — non de l'oubli, car fut-il jamais oublié ? — mais d'un passé déjà lointain, l'ombre de celui qui nous fut si prématurément enlevé à la fleur de son âge.

Et au risque de faire jaillir de nouvelles larmes

trop amères, qu'il me soit permis — après tant d'autres et moins bien qu'eux — de dire ce que fut le rare et précieux compagnon de si nombreuses ascensions, rudes et triomphales, notre toujours regretté Lucien Vermorel.

Chacun de nous naît avec des aptitudes et des goûts particuliers, qui, malgré les contingences de la vie, éclosent, se développent et, comme ils ne sont pas imposés, mais naturels, contribuent puissamment à charmer et embellir notre existence ; sans cet adjuvant, celle-ci serait trop souvent terne et plutôt un fardeau bien lourd pour nous. Le « violon d'Ingres » est pour chacun, tantôt un penchant vers la peinture, la poésie, la musique, tantôt une attirance vers la nature, la contemplation de la mer ou l'élan irraisonné et invincible vers les cimes... Lucien Vermorel était né alpiniste et ce fut la montagne, maîtresse ensorceleuse et tyrannique, qui lui donna avec bien des meilleures heures de sa vie, la fin tragique que nous rappelle avec tant d'âpre insistance la cérémonie de ce jour.

Rien ne semblait pourtant préparer notre ami à la rude école de la montagne : sa constitution quoiqu'excellente avait été éprouvée vers la vingtième année et ses premiers pas d'enfant, sage et craintif, n'avaient pas été appelés à fouler les rudes pentes ou à gravir les dures parois des rocs alpestres. Son apprentissage avait été tardif, mais une énergie et une ténacité non pareilles résidaient dans ce corps bien musclé, aux gestes pondérés, créé pour la lutte, non violente, mais patiente et obstinée, celle qui vient toujours à bout de son adversaire.

Ses premières armes furent autant de victoires et aussitôt défilent les grands noms qui font tressaillir tout cœur d'alpiniste : le Mont Blanc, les Écrins, la Meije, le Grépon et combien d'autres encore... Cimes altières et sublimes, qui n'accordez vos faveurs qu'aux plus dignes, quel philtre aviez-vous donc versé à notre ami pour qu'il revînt vers vous avec tant d'obstination et de joie ?

Je l'ai accompagné quelquefois — trop rarement à mon gré — et j'ai conservé le souvenir ineffaçable de la prudence raisonnée avec laquelle il abordait l'obstacle ; de l'instinct inné qui lui faisait trouver la voie, souvent difficile à suivre ; enfin de l'énergie surhumaine qu'il déployait au moment critique, alors que la victoire semblait se dérober.

Ses luttes, ses corps à corps avec le danger avaient aguerri à tel point son âme qu'il ne rêvait plus qu'exploits nouveaux, irréalisés encore. Ce fut sa perte. Oh ! cher ami, que n'êtes-vous resté le prudent, le pondéré que vous vous étiez montré jusqu'alors ? Pourquoi le démon de la témérité vous a-t-il tenté et vous a-t-il jeté un jour — ce jour fatal du 2 octobre 1921 — vaincu, au pied de l'obstacle que nous contemplons d'ici, émus et désolés ?

A toutes les qualités qui font l'alpiniste, Lucien Vermorel joignait celles qui font l'homme dans la plus parfaite acception du terme. Fidèle en amitié, sous des dehors un peu froids et réservés peut-être, il était la bonté même et tous ceux qui l'ont approché ont pu apprécier son caractère fait de simplicité, de bonne humeur et d'une exquise délicatesse.

Il m'est arrivé de causer soit à Chamonix, soit à la Bérarde avec des guides qui avaient eu le plaisir de l'accompagner. Tous ne cessaient de me vanter les rares qualités du grimpeur, comme celles du parfait et gai compagnon. Car en montagne, il se détendait, il plaisantait volontiers et allait même jusqu'à tutoyer les humbles, les braves qui lui révélaient les mystères des grands monts : les Couttet, les Cachat, les Richard, dont il avait fait ses amis et qu'il traitait en égaux, tant il sentait que la vie dans les cimes et les périls qu'elle entraîne, servaient mieux la cause de la fraternité que les meilleures théories et les plus éloquents discours.

Je m'arrête, car il me semble entendre encore le vœu de celui dont nous revivons le souvenir et qui fut, à la vérité, un timide et un modeste : « Pourquoi parler de ce que j'étais, de ce que j'ai fait ? C'était si naturel et tant d'autres ne l'ont-ils pas fait avant moi » ?

Paix à ses cendres... Laissons-les reposer au pied de la statue de la Douleur — et sous le signe de l'Espérance, — dans ce blanc cimetière de Villefranche, moins poétique peut-être que ceux de Saint-Christophe en Oisans ou de Chamonix, qui abritent d'autres martyrs et d'autres vainqueurs de l'Alpe, mais qui reste pourtant si mélancolique avec la perspective de nos molles collines beaujolaises, belvédère d'où parfois l'automne fait flamber les sommets qu'aima si ardemment notre pauvre et cher ami.

Madame... Monsieur... je m'incline respectueusement devant votre indicible douleur.

Au nom des amis et des camarades de Lucien Vermorel, je vous remercie profondément de l'attention si délicate et si généreuse que vous avez eue de perpétuer son souvenir — s'il en était besoin — par le don du sentier qui portera désormais son nom et de la plaque qui redira au passant égaré dans ses âpres et merveilleux cantons que là finit une vie qui s'annonçait pourtant belle et féconde et que fut fauchée dans sa fleur une existence pleine d'avenir et de bonheur.

Les rares qualités d'homme et d'alpiniste de Lucien Vermorel en avaient fait un modèle pour ses amis, comme aussi un maître incontesté pour ses émules, dans la pratique de la haute montagne. Sa mémoire nous reste chère et son nom vit à jamais dans nos cœurs !

Te juvenis fratres te flebunt semper amici !

Émus au delà de toute expression et des larmes dans la voix, M. Vermorel, touché de tant de marques de sympathie, en quelques mots, qui vont au cœur de tous les assistants, remercie les invités. Il dit qu'il s'associera volontiers à toutes les œuvres qui auront pour but d'écarter les dangers évitables des ascensions en montagne, mais qu'il souhaite de tout cœur une prospérité de plus en plus grande au noble sport de l'Alpinisme — école de courage et d'endurance — si bien représentée ici par les Présidents et les membres des Sections Grenobloises et Lyonnaises du Club Alpin Français.

A 4 heures, sous une pluie dense et froide, avait lieu le départ du Col de Porte : la tristesse des choses ajoutait encore à la mélancolie de la séparation. Nul de ceux qui assistaient à cette inauguration tout intime n'en perdra le souvenir.

A LA PINÉA

LA JOURNÉE FATALE

2 octobre 1921.

Six heures. — Réveil au Chalet Hôtel du Col de Porte, dans la nuit encore noire mais qui fait vite place à une aurore blanche et rose infiniment jolie. Le petit déjeuner est vite expédié. Nous annonçons notre retour au Chalet pour midi, deux heures au plus tard, désirant faire, l'après-midi, la muraille du Grand Som. Au moment de quitter le Chalet nous demeurons quelques instants immobiles, sur le perron, contemplant le ciel rosé et écoutant les chants d'oiseaux qui se répètent de branche en branche dans la forêt. C'est une minute d'un calme et d'une poésie inexprimables.

En route... Deux courses dans la journée ne permettent pas la flânerie. D'un bon pas nous suivons le sentier connu, qui, en une bonne heure, nous mène à la pente herbeuse du sommet, côté est, et nous voici sur le terrain des opérations. La Pinéa a une arête nord-sud dont la face est comporte une longue pente herbeuse permettant d'atteindre sans aucune difficulté le sommet et la grande croix qui le domine. L'autre face, à l'ouest, encore invaincue à notre connaissance, est une muraille à pic, du rocher peu solide coupé de cheminées mal marquées et de couloirs si verticaux que l'herbe ne s'y attache qu'à grand' peine. Depuis plusieurs mois cette face nous hantait. Le dimanche de Pentecôte, sous la pluie, nous l'avions reconnue tous deux et l'avions jugée difficile, mais combien tentante... Ce morceau d'escalade relativement très court ne devait nous prendre que quelques heures et c'était, dans notre esprit, plus une gageure personnelle qu'une course véritable.

Nous posons nos sacs, et, à l'altimètre, sur la facile pente est, nous relevons la hauteur de la muraille à gravir = 80 mètres environ. Du sommet penché sur l'abîme nous examinons la face ; c'est certes très droit, il y a des surplombs, mais on peut toujours essayer. Pour nous faciliter la tâche, nous décidons de lancer du sommet sur la muraille une longue et mince corde 75 mètres, devant, en principe, servir de corde de rappel, mais qui, placée ainsi, pourra nous aider utilement... Vermorel préfère la fixer à la base de la croix et la lancer exactement suivant l'aplomb du sommet ; j'aurais choisi plutôt une cheminée indiquée à une vingtaine de mètres plus au nord, mais Lucien me dit :

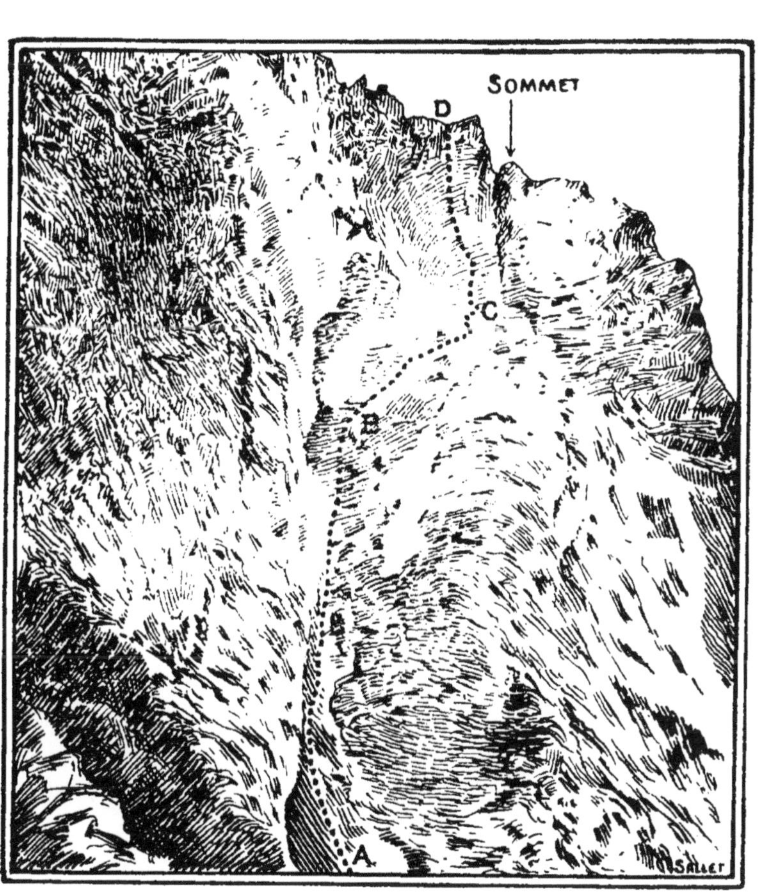

La Pinéa. — Face Ouest.

« Une vraie » première « doit aboutir au sommet lui-même »...

Que répondre à cet argument ? Nous sommes ici pour faire une première et j'accepte aussitôt la mise en place de la corde autour de la Croix bien que la muraille y semble presque impraticable à cause des surplombs et du manque de prises.

Vite nous préparons l'escalade en descendant à la base de la muraille. Lucien garde ses brodequins ; je préfère les espadrilles. Il porte en sautoir une solide corde de 30 mètres qui servirait éventuellement à une retraite et attache deux pitons d'acier à sa ceinture, au cas d'une descente en rappel sans prise, pour fixer la corde. Je prends son appareil photographique. Un examen rapide de la face ouest nous indique une voie possible d'ascension : un couloir en partie tapissé de touffes d'herbes, une vague plate-forme où marquer un temps d'arrêt et... nous verrons... — Il est 9 h. 40.

Vermorel veut passer le premier : il est l'aîné et dimanche dernier encore a fait ses preuves au mont Aiguille par la face nord : je ne discute pas.

Nous nous encordons avec sa nouvelle corde, à une dizaine de mètres, intervalle que nous devons augmenter peu après vu la rareté des points de repos, pour le porter à toute la longueur de la corde. Le premier couloir est rébarbatif, moins par ses difficultés, assez quelconques, que par l'instabilité extrême du rocher. Comme la ligne d'ascension est verticale, je dois me tenir constamment au-dessous de Lucien et m'abrite avec peine des pierres que malgré toute son adresse il détache en montant. Il s'élève ainsi d'une dizaine de mètres, puis je le rejoins et nous recommençons. Vite l'ascension devient très aérienne et une retraite serait scabreuse : où fixer la corde de rappel dans cette muraille délitée où pas une prise n'est franche et qui ne présente aucune aspérité marquée ? Mais nous n'y pensons pas : Vermorel passe aisément une dalle très inclinée et lisse qu'une fissure à gauche rend praticable en coinçant le coude ou la jambe, mais au sommet il est arrêté : plus de prises, le roc nu et lisse, instable par surcroît.

« Ne bougez pas, assujettissez-moi, et je passe », lui dis-je, et par une marche de flanc au-dessous de lui je contourne la partie difficile pour aboutir à la petite terrasse visible du sommet et du bas de la muraille. Reprenant mon trajet, Lucien me rejoint vite.

Nous avons mené à bien plus de la moitié de notre entreprise. Certes, la fin de l'ascension sera plus pénible mais nous avons confiance. Quelques minutes se passent à reprendre haleine, accrochés au rocher car la petite plate-forme est à peine marquée et la position est vertigineuse à l'excès, l'escalade ayant lieu face le vide complet au-dessous de soi. Une carte de visite portant nos signatures est placée comme témoin dans un gobelet de métal que nous fixons dans un creux du rocher. Une photo est faite avec l'appareil que je porte — la dernière — et l'escalade est reprise.

Je rejoins Lucien sur une seconde plate-forme encore plus sommaire que la première et il essaie par une marche de flanc très exposée de gagner l'extrémité de la corde qui, du sommet, pend le long de la muraille et n'est plus guère qu'à une dizaine de mètres de nous. Si habitué que je sois au spectacle de mon ami posé sur une muraille lisse, comme une mouche sur un mur, et traversant des passages invraisemblables dans des positions à faire frémir, c'est avec une véritable angoisse que je le suis du regard, collé au rocher, rampant, debout au-dessus du vide, se soutenant par un prodige d'équilibre et d'adresse car les prises n'existent presque plus et rien ne retiendrait une chute. Pour plus de sécurité je passe en cercle complet, autour d'une pointe de roc, la corde que je lui file à mesure qu'il avance. Enfin il touche la corde du sommet, l'éprouve et, comme je le craignais, déclare qu'il sera impossible de s'en servir ; elle pend en effet sur une face lisse coupée d'un large surplomb qu'on ne peut songer vaincre de front. Il faut une cheminée, une fissure, qui permette de se coincer, d'avoir toujours un soutien fixe, pour espérer réussir.

Pour la première fois, je me sens vaguement inquiet et lui crie de revenir vers moi. Mais il préfère continuer plus à droite encore, espérant trouver une cheminée praticable derrière un pan de muraille terriblement droit, en forme de bec, qui ferme mon horizon du côté sud dans le petit cirque de la muraille où nous nous trouvons. Et l'effrayant passage... en traversée de ce cirque vertical, continue jusqu'au bec rocheux sous lequel il s'engage. De lui à moi, maintenant, la corde passe dans le vide, largement détachée de la muraille, et je veille à ne jamais gêner ses mouvements et assurer au mieux sa sécurité. Je voudrais le rejoindre, mais est-ce nécessaire ? L'ascension est-elle possible derrière le pan de rocher ?

Des minutes passent : Lucien étudie la ligne d'escalade.

« Alors, ça va ?... » lui crié-je ?

« Je ne crois pas... », me répond-il de sa voix toujours calme. Mais il n'a pas dit « non » et je sais qu'alors il essaiera.

Il m'est caché par le bec rocheux ; aux mouvements de la corde je comprends qu'il essaie de grimper, mais sans succès car l'intervalle entre nous n'augmente pas.

« Revenez donc, nous essaierons de mon côté », lui dis-je, inquiet cette fois, sans cause nouvelle pourtant, mais pressentant brusquement de tous

Quelques minutes avant la chute.

mes nerfs une catastrophe. Il est trop tard : un fracas de blocs s'effondrant couvre ma voix, et avec une terreur indicible je vois le corps de mon ami projeté dans le vide. Pas un cri. Je suis si atterré que, dans cette fraction de seconde, l'idée ne me vient pas que nous sommes liés à la même corde et que moi aussi je vais tomber. Je demeure crispé au rocher et sens un choc brutal pendant qu'un objet me cingle le visage : la corde s'est rompue et le pauvre Lucien dans une chute effroyable roule jusqu'au bas des éboulis, sans un cri, sans une plainte, et son corps s'arrête juste à l'endroit qu'il m'indiquait, à notre première reconnaissance de la muraille, quatre mois plus tôt, tapissé de fleurs, comme « un cimetière idéal pour celui qui tomberait de la Pinéa ».

Devant la soudaineté de la chute, je n'ai pas songé un instant que notre frêle corde puisse le retenir : on peut enrayer une glissade, mais pas une chute verticale. Affolé, j'appelle Vermorel de toutes mes forces : rien ne me répond, et son corps que j'aperçois en me penchant, loin au-dessous de moi, tassé contre un gros rocher n'a pas un mouvement, je hurle au secours. En vain : la muraille surplombante arrête ma voix avant le sommet où je sais qu'une caravane de Lyonnais doit monter par la voie ordinaire. En bas, dans la vallée vers Proveysieux, j'aperçois des gens, j'entends même des sons de voix, mais la mienne ne porte pas.

Je me rends compte de l'impossibilité de redescendre seul pour porter secours à mon compagnon : marchant en tête il portait la corde de rappel. Le tronçon qui me reste de celle qui nous joignait et qui s'est brisée à sa ceinture, est trop court, et d'ailleurs le choc contre la pointe du rocher où je l'assujettissais — et qui m'a sauvé la vie — l'a éraillée et détériorée en plusieurs points. Descendre sans corde la dalle et le premier couloir est une impossibilité. Alors monter ? A cette seule idée je me sens pris d'un tremblement violent qui me paralyse ; d'ailleurs je suis sans volonté et sans forces, ne sachant qu'appeler mon pauvre camarade. Et pourtant je sens bien qu'une chute aussi terrible ne peut laisser aucun espoir.

Dans cet état d'hébétement, cramponné au rocher, appelant en vain, je n'espère plus que dans la caravane de Lyonnais, qui je le sais, doit monter au sommet. La vue de la corde attachée à la croix les intriguera sans doute et peut-être en se penchant nous découvriront-ils ? Attente vaine. Le silence n'est troublé que par quelques lointains éclats de voix, le bruit mat de pierres qui se détachent et tombent, et le grand souffle du vent qui s'est levé, amenant de gros nuages. Vingt fois je me décide à essayer de gravir le reste de la muraille par une sorte de cheminée mal marquée — celle-là même où je préconisais de jeter la corde du sommet — qui s'ouvre au-dessus de moi, mais le tremblement me reprend et je n'ose pas. J'espère aussi que ne nous voyant pas de retour à l'heure fixée et nous sachant à la Pinéa, le tenancier du Chalet viendra en reconnaissance et comprendra la catastrophe ? Vain espoir encore.

Les nuages s'abaissent. La nuit viendra vite. Mes forces s'épuisent. Je suis brûlé de fièvre et ces heures me semblent vécues dans un cauchemar irréel. Enfin il faut prendre un parti : je ne pourrai plus tenir longtemps ; tomber pour tomber, mieux vaut essayer de gravir le reste de la face. Minutieusement je me prépare et examine avec soin ce que je peux voir de la cheminée, et dans un véritable dédoublement de ma personnalité où l'être pensant semble contempler l'être agissant, j'entame l'escalade. C'est vertical, il y a des surplombs, les prises s'éboulent, mais tendu dans une volonté désespérée, je m'élève quand même. Un dernier surplomb, ma prise gauche manque et je glisse, mais je me retiens par la mâchoire et la poitrine collées au rocher pendant une fraction de seconde, suffisante pour replacer ma main gauche, et je passe. Un dernier effort et je débouche sur l'arête, si hors d'haleine que je me laisse glisser sur la pente d'herbe, m'écartant le plus possible du bord pour ne plus penser au vide.

La réaction se fait vite : descendre jusqu'à Lucien n'est pas commode d'ici, mieux vaut chercher du secours tout de suite. En courant, pleurant, fou, je regagne le Chalet, où l'inquiétude tenaillait le chauffeur de Vermorel et le gérant. Rien qu'en me voyant ils ont compris... De suite on s'organise : le chauffeur descend à Grenoble pour ramener un médecin, et le gérant va demander l'aide de quelques habitants de Sarcenas, le village voisin.

A 9 heures du soir, la caravane de secours est prête à partir. Dans la nuit noire où le grand vent éteint nos lanternes, nous suivons sans mot dire le sentier, puis obliquons pour atteindre la base de la muraille et descendons dans les éboulis, lentement, sous les pierres que le vent détache de la montagne. Je reconnais soudain un grand sapin brisé dans les pierres que j'avais remarqué d'en haut, et tout près nous trouvons le corps de mon pauvre ami. Le docteur Pinatzis constate des fractures du crâne, de la colonne vertébrale, des membres... certainement il n'a pas souffert.

Je ne peux attribuer l'accident qu'à l'étourdissement provoqué par un bloc de rocher que Lucien aura saisi au-dessus de lui et qui aura cédé, le frappant à la tête : cela expliquerait la chute subite, sans un cri, sans un avertissement pour me dire de tenir la corde, et la cascade de blocs de pierres qui l'accompagna. Je crois moins à un ver-

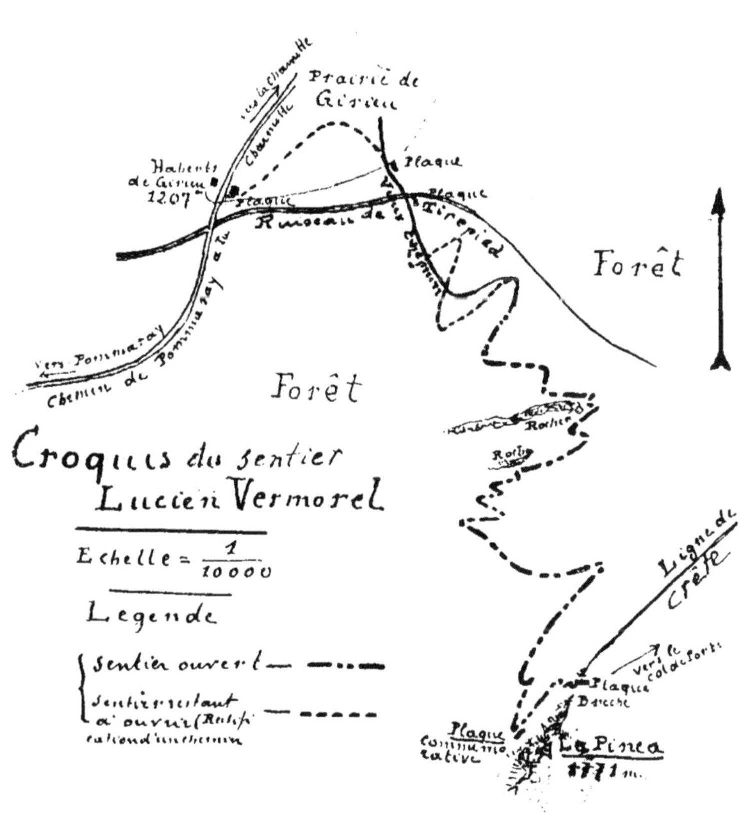

Le Sentier Lucien Vermorel.

tige : l'ascension était trop courte pour qu'il pût ressentir de la fatigue, il était en pleine possession de ses moyens, et ce n'est qu'à une altitude bien supérieure qu'il lui arrivait parfois de souffrir du mal des montagnes. L'instabilité et la traîtrise du rocher calcaire furent, j'en suis persuadé, les causes de cette catastrophe où le malheureux Lucien, toujours si heureux d'une course nouvelle, trouva une fin si triste. Il nous en reste le souvenir d'un camarade d'une amabilité, d'une franchise et d'une sincérité uniques, toujours serviable et complaisant, toujours d'une humeur égale, d'une conversation si agréable et si variée, qui pour moi était devenu un ami très cher ; et les regrets si vifs qu'il a laissés ont montré à quel point s'attachèrent à lui ceux qui l'ont connu. Tant de projets s'ébauchaient avec lui qui, rien du moins devant moi ne l'a jamais décelé, n'a jamais eu le pressentiment de sa fin si brutale : d'autres cimes, d'autres rochers, d'autres glaciers... Il est tombé au champ d'honneur de l'alpiniste, pour son sport préféré, devant ses montagnes qu'il aimait tant.

Maurice DONY.

PARTICIPANTS

A L'INAUGURATION DU SENTIER VERMOREL

Caravane par Girieu.

M. L. Repiton-Préneuf, Commissaire.
Mme E. Vermorel
MM. de Boccard
Jourdan Frédéric
Lory
Vitte P. et G.
Mme Bernard
Mlles Sarmet
Thorant
Berger-Fontaine
MM. le Général Gratier
Repellin
Mlles M.-Th. Repellin
C. Chauvin
MM. Gignoux
F. Dufour
J. Delaval
MM. R. Delaval
Baraton et fils
Rouast
Mlles Joly
Reboulet
Duchet
M. Truchet
Mlles Monique Guyot
Denise Guyot
MM. Cocquet
Montagny
Miss Patmore
MM. Diot
Fribourg
Piuz
M. le Maire de Proveysieux
M. le Maire de Sarcenas

Caravane par le Col de la Porte.

MM. le Général Audgerd
Clap
L. Arnaud
Bonnat
MM. Gonnet (Président Synd. Init.)
Jourdan Félix
R. Gaché

www.ingramcontent.com/pod-product-compliance
Ingram Content Group UK Ltd.
Pitfield, Milton Keynes, MK11 3LW, UK
UKHW021816190726
13853UKWH00003B/1020